Inhalt

Männermarketing - Ein Mann ist eben doch nicht nur ein Mann

Kernthesen

Beitrag

Fallbeispiele

Weiterführende Literatur

Impressum

Männermarketing - Ein Mann ist eben doch nicht nur ein Mann

E. Krug

Kernthesen

- In Marketingkreisen geht man bei der Spezies Mann oft noch von einer klaren eindimensionalen Zielgruppe aus, was sich mittlerweile als irrtümlich erwiesen hat. (1)
- Mit dem an und für sich offensichtlichen Wandel des Männerbildes und der Männer selbst geht langsam ein Umdenken in der Werbebranche einher. (1), (2), (3)
- Es wird künftig kein Weg mehr an einer exakten Zielgruppenanalyse vorbeiführen, da die Interessen des Mannes zu sehr schwanken und es die Zielgruppe Mann

kaum noch gibt. (1)

Beitrag

Ein Mann ist eben doch nicht nur ein Mann! Welch provokative Aussage! Aber genau das ist es, was den Mann von heute von dem ewigen Klischee befreit, und damit dem Marketing ganz neue Aufgaben beschert. Heute kann sich ein Mann für beides interessieren, für Mode und Motoren. Die Zielgruppe Mann hat sich nun auch in Deutschland zu einer äußerst vielseitigen Käuferschicht gemausert. Dass es sich dabei auch um enorm wichtige potenzielle Kunden handelt, die beworben werden müssen, versteht sich eigentlich von selbst. (1)

Aktuelle Männertypen ist die Vielseitigkeit ein neues Klischee?

Also ein Mann ist heute auch schon mal Hausmann oder Vater im Elternbeirat. Vor allem aber hat er damit angefangen auf Spuren zu wandeln, die bisher in erster Linie dem weiblichen Geschlecht vorbehalten war, nämlich in die Vielfalt der Kosmetik einzudringen.
Mit diesem Background gibt es immer mehr Studien,

Berichte, etc., die sich mit dem neuen Typ Mann befassen. (4)

Schon 2001 hat das Münchner Männer-Lifestyle-Magazin GQ das Hamburger Trendbüro mit der Sekundärstudie Moderne Helden beauftragt. Es wurden dabei die gesellschaftlichen Entwicklungen, Leitbilder, Lebensstil und Konsum deutscher Männer untersucht. Das Ergebnis der Studie weist vier aktuelle Männertypen auf, nämlich den leisen Weisen, den galanten Gönner, den Egophilen und den Optionisten.

Ähnlich sind die Männertypen der Studie Mythos Mann vom Olympia Verlag. Da erscheinen der passiv Verunsicherte, der aktive Realist, der abgeklärte Traditionalist und der hedonistische Selbstdarsteller. Axel Springer kommt in einer Studie sogar auf sechs verschiedene Typologien für Männer, wie z.B. den konservativen Standhalter, der verunsicherte Bildlose oder der Patchworker. Diese Studie hebt besonders hervor, dass der Mann sich allerdings erst in der Umbruchphase befindet und der einstige Jäger immer noch in ihm steckt. (1), (3)

Vielseitige Warenwelt spezifische Männer- oder Frauenprodukte, gibt es das noch?

Sicher gibt es noch relativ häufig typische Männer- und Frauenprodukte. Es gibt unzählige Produkte, an denen nur in Ausnahmefällen Männer oder im umgekehrten Fall Frauen Gefallen finden. Aber immer mehr Männer zeigen an einer bisher für sie vergleichsweise uninteressanten Warenwelt gesteigertes Interesse.
Ganz oben stehen Kosmetik- und Pflegeprodukte, die natürlich exakt auf den Mann abgestimmt sein müssen, versteht sich. Selbst Schönheits-Operationen werden für Männer immer attraktiver. In Deutschland ist jeder siebte Patient beim Schönheitschirurgen ein Mann. Auch die Männer erhoffen sich mittlerweile mehr Erfolg durch ein besseres Aussehen. Es reicht nicht mehr aus, einfach nur ein Mann zu sein. (1), (2), (5)
Ein weiterer Bereich, der sich dem Mann eröffnet hat, ist die Modewelt. Sehr geschätzt wird individuelle Modeberatung. Der Mann von heute will eben gut aussehen. Deshalb achtet er auch zunehmend auf die Ernährung, was bis vor nicht allzu langer Zeit noch als äußerst unmännlich galt. Heute stehen Wellness-Produkte, Lifestyle-Medikamente und Functional Food hoch im Kurs. (1)
Hier heißt es nun für das Marketing, mit den richtigen Instrumenten zum optimalen Zeitpunkt den Mann von heute zu umwerben.

Umworbene Männer wo steht das Männermarketing?

Männer scheinen laut Studien der Werbung gegenüber mehr resistent zu sein als Frauen. Das liegt aber nicht zuletzt daran, dass die Werbung in den meisten Fällen auch frauengerecht dargeboten wird, weil diese immer noch im Alltag die meisten Kaufentscheidungen treffen. Handelt es sich allerdings um z.B. Autowerbung ist es mit der Immunität der Männer ganz schnell vorbei. (1)
Geht es über männertypische Produkte hinaus, wie bei Mode, Kosmetik oder ähnlichem, dann ist es sehr wichtig, dass die moderne Seite des Mannes angesprochen und seine Männlichkeit zudem besonders hervorgehoben wird. Bei Pflegeprodukten, die eine zunehmend wichtige Rolle in der Männerwelt spielen wird auf Markenimage und Verpackung beim Kauf geachtet. Hier kommt Werbung im Internet gut an, aber auch Packungstexte verfehlen ihre Wirkung nicht. (1), (2), (4)
Insgesamt setzt man beim Marketing für Männer auf den Mediamix. Der Mann will klar angesprochen werden am besten durch eine Kombination von klassischer Werbung und Dialogmarketing. Wichtig bei den Marketingmaßnahmen ist es, dass ganz klar der Bezug zum Mann berücksichtigt wird. Der Kontext sollte männlich sein und Männlichkeit

suggerieren. Da Männer sich gerne einer Herausforderungen oder einem Wettstreit stellen ist ein sportlicher Background bei Werbemaßnahmen durchaus von Vorteil. (1)
Einen deutlichen Unterschied gibt es auch zwischen der Werbung für Männer unter 50 Jahren und der Männergeneration 50+. Allein die Gruppe der männlichen Best Ager wird in unterschiedliche Lebensprofile untergliedert, welche wiederum unterschiedlich beworben werden wollen. Für jüngere männliche Verbraucher kommen ganz andere Marketingmaßnahmen zum Einsatz. So ist z.B. in den USA die Werbe-Primetime für junge Männer erst nach Mitternacht. (6), (7), (8)

Fallbeispiele

Beispiele für Männerwerbung von heute

PostbankDer Held der neuen Postbank-Werbung ist ungewaschen, trägt einen Dreitagebart, Schlabberunterhosen und er fühlt sich sichtlich wohl.

(9)

Alpecin Coffein Shampoo C1
Die Idee: eine echte Innovation, der richtige Kommunikationsmix und ein starker Markenname
Ergebnis: eine der spektakulärsten Einführungen im Jahr 2005 im Bereich Haarpflege
Werbeidee: Internetseite Glatzenrechner.de
Trotz Premium-Preis kam es schon wenige Wochen nach der Einführung zu Lieferengpässen (10)

Dodge (DaimlerChrysler)
DaimlerChrysler setzt in der Werbung für die Automarke Dodge auf echte ölverschmierte Kerle, die das Leben anpacken und das passende Auto fahren. Die Kampagne startete Anfang Dezember im Internet und baut auf virale Effekte. (11)

Beispiele für Nacht-Werbung für amerikanische jüngere Männer

Energy Drink MDX von Mountain DewDer TV-Spot zeigt nachtaktive Tiere, wie z.B. Fledermäuse und Eulen, die den Song von Lionel Richie All Night Long intonieren.

Old Spice

Old Spice wirbt für sein neues Deodorant-Spray mit dem Slogan: Ausgeschlafen sein bedeutet einfach, eine richtige langweilige Nacht gehabt zu haben.

McDonalds
McDonalds wirbt mit Harte Nacht Guten Morgen (7)

Weiterführende Literatur

(1) Männermarketing Befreiung aus dem Klischee?
aus Direkt Marketing, Heft 11/2005, S. 50-53

(2) Konkurrenz für Nivea
aus Lebensmittel Zeitung 47 vom 25.11.2005 Seite 040

(3) Herrlich männlich
aus werben & verkaufen Compact Nr. 03 vom 17.03.2005 Seite 004

(4) Duftmarken des Erfolgs
aus Frankfurter Allgemeine Sonntagszeitung, 04.12.2005, Nr. 48, S. 66

(5) Schönheits-OP: Weil gutes Aussehen gut fürs Geschäft ist, rennen gutverdienende Männer in Scharen zu Chirurgen Londons Manager - wenn die Nase nicht mehr paßt ... 40 Prozent mehr Männer binnen eines Monats, registriert der größte Anbieter kosmetischer Eingriffe. Viele meinen, mit einer Runderneuerung ihre Erfolgsprämie sichern zu

müssen.
aus Hamburger Abendblatt, 20.12.2005, Nr. 297, S. 3

(6) Campillo-Lundbeck, Santiago, Das Methusalem-Komplott, Zunehmend entdecken Werber und Markenartikler auch ältere Konsumenten als lukrative Zielgruppe. Die 50plus-Generation will jedoch von Seniorenklischees nichts mehr wissen, Bestseller das Magazin von Horizont, 26.04.2005, S. 10
aus Hamburger Abendblatt, 20.12.2005, Nr. 297, S. 3

(7) USA//Trend Die Nacht der Männer
aus Der Kontakter Nr. 49 vom 05.12.2005 Seite 012

(8) Auseinandersetzung um die Pole Position
aus HORIZONT 47 vom 24.11.2005 Seite 094

(9) Postbank
aus Handelsblatt Nr. 228 vom 24.11.05 Seite 18

(10) Coffein-Shampoo kommt gut an
aus Lebensmittel Zeitung 48 vom 02.12.2005 Seite 046

(11) Cars für Kerle
aus media & marketing Nr. 12 vom 07.12.2005 Seite 022

Impressum

Männermarketing - Ein Mann ist eben doch nicht nur ein Mann

Bibliografische Information der deutschen Nationalbibliothek

Die Deutsche Nationalbibliothek verzeichnet diese Publikation in der deutschen Nationalbibliografie; detaillierte bibliografische Daten sind im Internet über http://dnb.d-nb.de abrufbar.

ISBN: 978-3-7379-0723-1

© 2015 GBI-Genios Deutsche Wirtschaftsdatenbank GmbH, Freischützstraße 96, 81927 München, www.genios.de

Alle Rechte vorbehalten. Dieses Werk ist einschließlich aller seiner Teile – z.B. Texte, Tabellen und Grafiken - urheberrechtlich geschützt. Jede Verwertung außerhalb der Grenzen des Urheberrechtsgesetzes bedarf der vorherigen Zustimmung des Verlags. Dies gilt insbesondere auch für auszugsweise Nachdrucke, fotomechanische Vervielfältigungen (Fotokopie/Mikroskopie), Übersetzungen, Auswertungen durch Datenbanken oder ähnliche Einrichtungen und die Einspeicherung und Verarbeitung in elektronischen Systemen.